Liebe Mütter, liebe Väter, liebe Omas,
liebe Opas, liebe Tanten, liebe Onkel,
liebe Lehrerinnen und Lehrer!

Kinder, die schon lesen können, sollten diese Kompetenz stärken. Etwas stärken zu wollen, heißt immer etwas zu üben. Und Üben muss mit Erfolgserlebnissen untrennbar verbunden sein.

Die Bücher für die 2. Klasse sind so aufgebaut, dass sie durch spannende, lustige und lehrreiche Inhalte zum Lesen ermuntern. Die Sprache ist dem Alter der Kinder angepasst und ermöglicht ein konstantes Aufbauen des Wortschatzes. Kindgerechte, farbige Illustrationen auf jeder Seite begleiten die Kinder zu einem lustigen Leseerlebnis.

Wir wünschen Ihren Kindern viel Freude beim Lesen!

Ihr G&G Verlag
Lesepädagogisches
Lektorat

Besonders möchten wir Sie darauf hinweisen, dass der G&G-Lesezug vom **Österreichischen Buchklub der Jugend** empfohlen wird!

Kai Aline Hula

Tarantino traut sich was

Mit Illustrationen von

Herwig Holzmann

Von Kai Aline Hula im G&G-Lesezug weiters erschienen:

„Dinoschreck um Mitternacht", Lesezug 2. Klasse, ISBN 978-3-7074-1661-9
„Münchhausen", Lesezug-Klassiker, ISBN 978-3-7074-2141-5
„Das Dschungelbuch", Lesezug-Klassiker, ISBN 978-3-7074-2209-2
„Sherlock Holmes - Der Hund der Baskervilles", Lesezug-Klassiker, ISBN 978-3-7074-2560-4

www.ggverlag.at

ISBN 978-3-7074-2452-2

In der aktuell gültigen Rechtschreibung

2. Auflage 2022

Reihengestaltung: Carola Holland
Illustration: Herwig Holzmann

Gedruckt in Europa

Inhalt

Der Tiger erwacht

Tief im Dschungel öffnet Tarantino seine gelben Augen.
Er gähnt und streckt sich. Tarantino ist der gefährlichste Tiger weit und breit. Er hat scharfe Krallen und spitze Zähne, die im Mondlicht blitzen. Sein gestreiftes Fell tarnt ihn in seinem Urwald.
Tarantino hat den ganzen Tag geschlafen.
Jetzt ist er hungrig. Auf leisen Pfoten geht der Tiger auf die Jagd. Vielleicht erwischt er einen Vogel oder eine Maus. Vielleicht auch etwas Größeres.
Tarantino hebt die Nase in den Wind.
Er schnuppert.

Hier ist ein Vogel
vorbeigekommen.

Tarantino folgt dem Geruch Richtung Wasserloch. Er duckt sich unter Lianen durch und schiebt sich durch ein Gebüsch. In der Nähe plätschert es.
Das ist das Wasserloch. Bestimmt sitzt dort ein unschuldiger Vogel und wartet darauf, gefressen zu werden.
Tarantino kann schwimmen, wie alle Tiger. Aber er kann Wasser nicht leiden.
Zum Glück ist dieses Wasserloch in der Nacht immer verschlossen.
Da ist ein Kichern zu hören. Ist das ein Affe? Der Tiger bleibt stehen. Er späht durch die Dunkelheit. Und er hatte recht: Am Rand des Wassers hüpft ein kleiner

brauner Vogel. Dabei piepst und zwitschert er, als gäbe es keinen Tiger.

Aber es gibt einen.

Tarantinos gelbe Augen blitzen.

Gleich wird er den Vogel packen und in einem Happs fressen. Ihm läuft schon das Wasser im Maul zusammen. Er duckt sich zum Sprung. Der Vogel schlägt mit den Flügeln und pickt nach einem Körnchen. Da springt der Tiger los! Mit einem Satz ist er beim Wasserloch, mit einem zweiten bei dem Vogel. Und dann - PLATSCH!

Das Wasser schlägt über Tarantinos Kopf zusammen. Ist das kalt! Er rudert mit seinen Tatzen, bis er den Rand erreicht hat.
Dort kriecht er mühsam aus dem Wasser.
Sein gestreiftes Fell tropft. Und der Vogel ist längst auf und davon.
Tarantino schüttelt sich. Er hasst es, nass zu sein! Warum ist das Wasser heute Nacht nicht verschlossen gewesen?
„Was war das?", fragt eine Stimme.
Dann hört Tarantino Schritte.
„Oh", sagt jemand. „Da ist eine Katze in den Pool gefallen."

Große Hände in Handschuhen heben Tarantino auf. „Du bist ja ganz nass geworden, du dummes, kleines Katerchen!" Tarantino faucht. Er ist kein Katerchen. Er ist ein Tiger!

Der kleinste Adler der Welt

Tarantino strampelt, bis die Hände ihn loslassen. Er landet auf dem Boden.

„Na dann nicht", sagt die Frau, die ihn hochgehoben hat. Sie trägt eine schwarze Mütze und Handschuhe. Ihr Gesicht ist kaum zu sehen.

Tarantino rümpft die Nase. Er mag ihren Geruch nicht.

Gut, dass sie zurück ins Haus geht.

Moment mal!

Ins Haus? In sein Haus?

Tarantino sträubt sein gestreiftes Fell.

Das hier ist sein Garten, sein Haus, sein Dschungel. Er teilt es nur mit Laura.

Sie ist Tarantinos Lieblingsmensch. Aber wo ist Laura überhaupt?
Ihr Auto steht vor dem Gartentor. Sie kann also nicht weit weg sein.
Tarantinos Magen knurrt. Mit leerem Magen kann er nicht gut nachdenken.
Und er muss dringend nachdenken, denn Laura ist weg und eine fremde Frau ist da.
Vor der Terrassentür steht die Futterschüssel mit Katzenfutter. Tarantino frisst sich satt. Dann setzt er sich neben den Pool und putzt sein Fell.
„He“, sagt jemand. „He!“
Tarantino schaut auf. Da sitzt der kleine braune Vogel von vorhin.

Er sieht ziemlich wütend aus. Den Schnabel streckt er kämpferisch nach vorne.
„Na?", ruft er. „Willst du kämpfen, he?"
Tarantino gähnt. Er ist vollgefressen.
Der Vogel interessiert ihn nicht mehr.

„Keine Sorge", sagt er. „Ich habe gerade keinen Hunger."

Der Vogel hüpft ein paar Schritte näher und funkelt Tarantino an. Jetzt ist er ganz nah. Tarantino bräuchte nur eine Pfote auszustrecken und könnte den Vogel packen.

„Ziemlich frech", denkt Tarantino. „Und ziemlich mutig."

„Ich bin ein Tiger", sagt er zur Sicherheit. „Wenn ich so ein kleiner Vogel wäre wie du, würde ich ein Stück wegfliegen."

Der braune Vogel legt den Kopf schief.

„Ich bin kein kleiner Vogel", sagt er und plustert sich auf. „Ich bin ein Adler! Iggi, der Adler!"

Tarantino schnaubt: „Blödsinn! Adler sind viel größer als du. Adler sind Raubvögel!"

„Ich bin ein Raubvogel!", sagt Iggi. „Und ich bin sehr gefährlich. Es gibt große und kleine Adler!"

„Pff", macht Tarantino. „Sehr gefährlich siehst du nicht aus. Höchstens wie der kleinste Adler der Welt. Und jetzt lass mich in Ruhe."

Der Vogel schlägt zornig mit den Flügeln. „Du bist auch kein Tiger!", ruft er. „Tiger sind viel, viel größer als du. Und sie leben im Dschungel!"

Tarantino macht ein finsteres Gesicht. „Hau ab, du Federbeutel", sagt er. „Bevor ich dich rupfe."

Einbrecher!

Aber Iggi haut nicht ab.
Er folgt Tarantino mit kleinen Hüpfern zum Nussbaum. Der Tiger klettert den Stamm hinauf und balanciert auf einem dicken Ast ganz nach vorne. Von hier aus kann er gut in die Küche sehen.
Iggi landet auf einem Zweig über Tarantino. „Na los!", sagt er. „Wir kämpfen jetzt! Von einem wie dir lasse ich mich nicht fressen!"
Er ballt seine kleinen Flügel zu Fäusten und streckt seine Brust heraus.
Aber Tarantino ist abgelenkt. Durch das Küchenfenster sieht er die fremde Frau

mit der schwarzen Mütze. Sie steht in der dunklen Küche und leuchtet in die Schubladen. Dann wühlt sie durch das Besteck und öffnet den Kühlschrank. „Sie sucht etwas", denkt Tarantino. „Aber was?"

immer im Winter. Am besten sind die Nussknödel, die hängt sie ..."
„Wo ist Laura?", unterbricht ihn Tarantino.
„Weiß ich doch nicht", sagt Iggi beleidigt. „Sehe ich aus wie die Vogelpolizei?"
„Ich unternehme jetzt etwas!", beschließt Tarantino. „Bevor diese Leute noch mehr kaputt hauen. Und wenn du Laura magst, dann hilf mir!"
Mit einem Satz springt er auf den Boden. Iggi flattert hinterher.
„Nicht schlecht, der Sprung", sagt er. „Vielleicht bist du ja doch ein Tiger. Der kleinste Tiger der Welt." Er kichert.
Tarantino deutet mit einer Pfote auf die

Terrassentür. Sie steht einen Spalt offen. „Wir müssen hinein", sagt er. „Und die Einbrecher vertreiben!"

„Zu Befehl", antwortet Iggi und fliegt los. „Ich mache den Kundschafter!"
„Warte doch!", ruft Tarantino. „Wir brauchen zuerst einen Plan!" Aber das hört Iggi schon nicht mehr. Er saust durch den Spalt und verschwindet im Haus.
Tarantino stöhnt. Ein Vogel im Haus! Bestimmt machen die Einbrecher deshalb gleich die Terrassentür zu. Und dann kann Tarantino gar nichts mehr tun!
Aber ein paar Sekunden später landet Iggi wieder im Gras. „Keiner hat mich gesehen!", ruft er. „Sie sind in die Garage gegangen. Und sie haben eine Pistole! Ich fliege da nicht noch mal rein."

„So ein Mist", schimpft Tarantino. „Bist du dir sicher?"

Iggi nickt.

Da fällt Tarantino etwas ein. „Sie sind in der Garage?", fragt er. „Beide?"

Iggi nickt wieder und fügt hinzu: „Das Fenster ist offen."

„Dann habe ich einen Plan!", sagt Tarantino. „Einen richtig tigerlichen Plan. Es könnte also sehr gefährlich werden. Du fliegst los und suchst Laura. Beeil dich!"

Der richtig tigerliche Plan

Tarantino schleicht durch das finstere Haus.
Er kann auch in der Dunkelheit gut sehen.
Ganz leise setzt er eine Pfote vor die andere.
Er schleicht durch die Küche und durch das
Wohnzimmer bis zur Kellertür.

Hinter der Kellertür liegt eine Treppe.
Sie führt in die Garage. Mit einem Schalter kann man die Tür öffnen und abschließen.
Tarantino kennt den Schalter genau.
Leider ist er ziemlich weit oben.
Der Tiger lauscht. Hinter der Tür hört er Schritte.

Jetzt flüstern auch Stimmen.
Die Einbrecher kommen die Treppe hinauf!
Tarantinos Herz rast. Er muss sich beeilen!
Tarantino springt hoch, aber er erreicht den Schalter nicht.
Die Schritte kommen immer näher.

Die beiden haben die Tür fast erreicht. Jetzt aber schnell! Noch einmal springt Tarantino mit aller Kraft und diesmal erwischt er den Schalter! Mit einem Summen versperrt sich die Kellertür. „Was war das?", fragt der Mann hinter der Tür.

Dann rüttelt jemand an der Türschnalle.
„Abgeschlossen", sagt die Frau. „Die war doch gerade noch offen!"
Tarantino rennt zurück in den Garten. Jetzt muss er Laura finden.
Hat Iggi nicht gesagt, das Garagenfenster sei offen? Dann können die Einbrecher vielleicht hinausklettern!
Tarantino schlittert durch die Tür und wäre fast schon wieder im Wasser gelandet.
Im letzten Moment bleibt er stehen.
Neben dem Pool sitzt Iggi. Er hat seine Federn stolz aufgeplustert.
„Rate mal, wen ich gefunden habe!", ruft er.
„Laura?", schnauft Tarantino.

„Bingo!", sagt Iggi. „Sie ist bei den Nachbarn. Aber wo sind eigentlich die Einbrecher?"
„In der Garage eingesperrt", sagt Tarantino. „Du bewachst das Garagenfenster und ich hole Laura."
Iggi legt den Kopf schief. „Und dann?", fragt er. „Die haben doch eine Pistole!"
Tarantino zögert. An die Pistole hat er nicht mehr gedacht.
„Ich habe eine Idee", sagt Iggi. „Eine echte Adler-Idee!"

Jetzt kommt die Polizei!

Tarantino schlüpft durch die Hecke in den Garten nebenan.
Im Nachbarhaus brennt Licht.
Laura sitzt mit den Nachbarn im Wohnzimmer auf dem Sofa und plaudert.
Tarantino springt auf das Fensterbrett und maunzt. Leider ist das Fenster geschlossen.
Niemand hört ihn.

Tarantino wirft sich gegen die Scheibe. Rumms. Das hat Laura gehört.
Sie steht auf und lässt ihn herein. „Hallo, Tarantino!", sagt sie und lächelt. „Ich bin bald wieder da."
Tarantino miaut und springt gegen Lauras Schienbein.
„Du sollst wohl mitkommen", meint die Nachbarin.
Laura sieht Tarantino streng an. „Na gut. Ich hoffe, es ist nicht nur die Futterschüssel leer."

Tarantino sträubt sein Fell. Futterschüssel, pah! Hier geht es um Leben und Tod!
Er läuft voraus zum Gartentor und hinüber zu Lauras Haus.
An der Hecke bleibt Laura stehen.
„Da brennt ja Licht!", sagt sie verwundert.
„Ist jemand in meinem Haus?"
Tarantino maunzt stolz. Iggi hat im ganzen Haus das Licht eingeschaltet. Das war der Plan! Nur die Garage ist dunkel.

„Das ist seltsam“, sagt Laura und zieht ihr Handy heraus. „Ich rufe lieber die Polizei!“

Tarantino läuft zurück zum Pool.

Da pfeift es über ihm im Nussbaum.

„Hat es geklappt?“, ruft Iggi.

Tarantino nickt. „Du bist der schlaueste Adler der Welt!“

„Ach was“, sagt Iggi, aber sein Schnabel leuchtet vor Stolz. „Das Garagenfenster ist übrigens winzig. Dort passt nur ein Adler wie ich durch.“ Er kichert.

Da braust ein Auto heran. Eine Polizistin und ein Polizist springen heraus.

„Na endlich!“, sagt Iggi begeistert.

Die Polizisten sprechen mit Laura.

Dann gehen sie ins Haus. Tarantino läuft mit. Stolz führt er sie zur Kellertür und springt gegen den Schalter. Es klickt.
Hinter der Tür flüstert jemand.
„Bingo", sagt die Polizistin, genau wie Iggi.
Sie zieht ihre Pistole und ruft durch die Tür: „Hier ist die Polizei! Kommen Sie mit erhobenen Händen heraus!"

Jetzt haut Tarantino doch lieber ab. Er hat schließlich genug getan! Vom Nussbaum aus beobachtet er, wie die Einbrecher in Handschellen abgeführt werden.

„Ha!", schreit Iggi. „Und wehe, ihr kommt wieder!"

Aber was ist das? Im Gras glänzt etwas. Die Pistole der Einbrecher! Tarantino springt vom Baum. Er schaut genauer hin. Das ist ja gar keine Pistole! Es ist eine Taschenlampe! Da hat sich Iggi wohl getäuscht.

„Naja", denkt Tarantino. „Jeder kann sich einmal irren." Es ist trotzdem gut, dass er Iggi nicht gefressen hat.

Tarantino gähnt. Es ist Zeit für ein kleines Schläfchen. Laura und das Haus sind gerettet. Und bald geht die Sonne auf. Diese Nacht war ganz schön aufregend, sogar für einen Tiger!

Alle Lesezug-Bücher finden Sie unter

www.lesezug.at

ISBN 978-3-7074-2518-5
2. Klasse, ab 6/7 Jahre

ISBN 978-3-7074-2346-4
2. Klasse, ab 6/7 Jahre

ISBN 978-3-7074-2241-2
2. Klasse, ab 6/7 Jahre

ISBN 978-3-7074-2142-2
2. Klasse, ab 6/7 Jahre

ISBN 978-3-7074-2376-1
2. Klasse, ab 6/7 Jahre

ISBN 978-3-7074-2426-3
2. Klasse, ab 6/7 Jahre

ISBN 978-3-7074-2035-7
2. Klasse, ab 6/7 Jahre

ISBN 978-3-7074-2168-2
2. Klasse, ab 6/7 Jahre

ISBN 978-3-7074-2002-9
2. Klasse, ab 6/7 Jahre

ISBN 978-3-7074-2066-1
2. Klasse, ab 6/7 Jahre

ISBN 978-3-7074-2093-7
2. Klasse, ab 6/7 Jahre

ISBN 978-3-7074-2094-4
2. Klasse, ab 6/7 Jahre

ISBN 978-3-7074-2034-0
2. Klasse, ab 6/7 Jahre

ISBN 978-3-7074-2003-6
2. Klasse, ab 6/7 Jahre

ISBN 978-3-7074-2005-0
2. Klasse, ab 6/7 Jahre

ISBN 978-3-7074-2104-0
2. Klasse, ab 6/7 Jahre

ISBN 978-3-7074-2262-7
2. Klasse, ab 6/7 Jahre

ISBN 978-3-7074-2210-8
2. Klasse, ab 6/7 Jahre

ISBN 978-3-7074-2004-3
2. Klasse, ab 6/7 Jahre

ISBN 978-3-7074-2170-5
3. Klasse, ab 7/8 Jahre

Alle Lesezug-Bücher finden Sie unter

www.lesezug.at

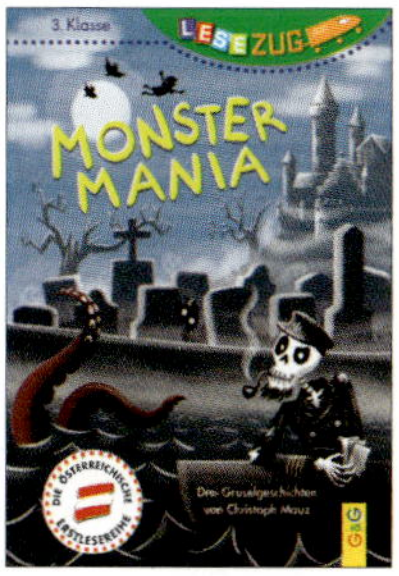

ISBN 978-3-7074-2300-6
3. Klasse, ab 7/8 Jahre

ISBN 978-3-7074-2519-2
3. Klasse, ab 7/8 Jahre

ISBN 978-3-7074-2008-1
3. Klasse, ab 7/8 Jahre

ISBN 978-3-7074-2110-1
3. Klasse, ab 7/8 Jahre

ISBN 978-3-7074-2263-4
3. Klasse, ab 7/8 Jahre

ISBN 978-3-7074-2006-7
3. Klasse, ab 7/8 Jahre

ISBN 978-3-7074-2324-2
3. Klasse, ab 7/8 Jahre

ISBN 978-3-7074-2351-8
3. Klasse, ab 7/8 Jahre

ISBN 978-3-7074-2520-8
3. Klasse, ab 7/8 Jahre

ISBN 978-3-7074-1814-9
3. Klasse, ab 7/8 Jahre

ISBN 978-3-7074-2141-5
3. Klasse, ab 7/8 Jahre

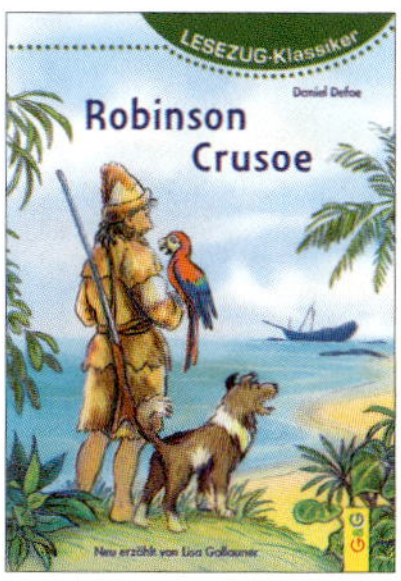

ISBN 978-3-7074-1815-6
3. Klasse, ab 7/8 Jahre

ISBN 978-3-7074-2069-2
3. Klasse, ab 7/8 Jahre

ISBN 978-3-7074-2209-2
3. Klasse, ab 7/8 Jahre

ISBN 978-3-7074-1850-7
3. Klasse, ab 7/8 Jahre

ISBN 978-3-7074-2347-1
2. Klasse, ab 6/7 Jahre

ISBN 978-3-7074-1971-9
3. Klasse, ab 7/8 Jahre

ISBN 978-3-7074-2287-0
2. Klasse, ab 6/7 Jahre

ISBN 978-3-7074-2354-9
2. Klasse, ab 6/7 Jahre

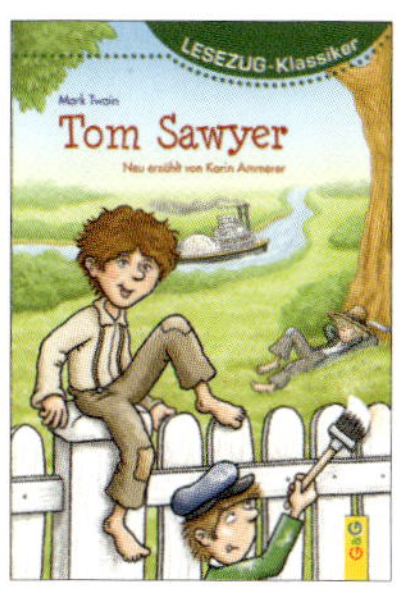

ISBN 978-3-7074-2116-3
3. Klasse, ab 7/8 Jahre